AF603291

LE GRAND FEU

Dépôt légal / Deuxième trimestre 2016, BNQ et BNC.

Conception graphique de la couverture : Kinos.
Conception graphique : Jovette Cyr.

CATALOGAGE AVANT PUBLICATION DE BIBLIOTHÈQUE ET ARCHIVES CANADA

LeBlanc, Georgette, 1977-, auteur
Le grand feu / Georgette LeBlanc.

(Poésie)
Publié en formats imprimé(s) et électronique(s).
ISBN 978-2-89691-156-1 (couverture souple).--ISBN 978-2-89691-166-0 (pdf).--
ISBN 978-2-89691-167-7 (epub)

I. Titre.

PS8623.E3422G73 2016 C841'.6 C2016-901730-3
C2016-901731-1

DISTRIBUTION AU CANADA
Dimedia
539, boulevard Lebeau
Saint-Laurent (Québec) H4N 1S2
Tél. : 514 336-3941

Les Éditions Perce-Neige
22-140, rue Botsford
Moncton (N.-B.)
Canada E1C 4X4

editionsperceneige.ca
perceneige@nb.aibn.com
Tél. : 506 383-4446
Cell. : 506 380-0740

La production des Éditions Perce-Neige est rendue possible grâce à la contribution financière du Conseil des Arts du Canada et de la Direction des arts et des entreprises culturelles du Nouveau-Brunswick.

Georgette LeBlanc

LE GRAND FEU

À la Regénération

Le Français est francophone mais la francophonie n'est pas française.

Calixthe Belaya

Présentations et situations

Capitaine Doucet	un rum runner, amoureux et associé de la Dame
Casimir et Marie	parents adoptifs de Cécile Murat
Caroline Carillon	la Whip de la Dame
Cécile Murat	étudiante à l'Académie, une poète
Célestin Trahan	ex-cordonnier, tymeux des tymeux réputés
la Dame (Marguerite Theriault)	la Tycoon du Chemin du Roi
Jean-Baptiste Melanson	un loggeux, l'amoureux de Cécile
Joachim Murat	oncle paternel de Cécile Murat, Roi de Naples
la Main Noire, l'Illuminé	une présence arrivée d'ailleurs
Pierre Murat	père de Cécile Murat
Pierre Paradis	jeune dandy de la Philadelphie
Kespukwitk	le lieu de l'intrigue, le Sud-Ouest du Far-Est

PROLOGUE

À Kespukwitk
la fortune se trouvait
si tu savais djetter
ils disiont
qu'elle était là, point cachée, une miette partout
des petites mines d'or laissées
sous la braise des grands feux des temps premiers
de la Vallée Sacrée jusqu'aux ports de la grande mer salée
les arcs et les courbes de Kespukwitk, de son corps sacré
qu'avait point arrêté, qui djettait tranquille
qui rebrulerait un jour pour illuminer
(c'est ça qu'on disait)
traces, mappes des gros trésors laissé cachés
de toutes ces mines d'or, diamants oubliés

sur le Chemin du Roi
premier grand chemin construit dans la contrée
il y avait déjà trop de lumière pour voir
trop de lumière pour djetter
les fanals bruliont haut et fort
la besonne arrêtait jamais
ça sciait et ça buchait, arbre après arbre
de quoi remplir bâtiments ancrés, ça travaillait
fine pointe de l'industrie, du commerce, de la demande
faute de trouver fallait le prendre
rebâtir les coffres, forts
créer son propre trésor
bâtiment après bâtiment
année après année
le Chemin du Roi guidait, embauchait celui ou celle
qui cherchait sa clé au Paradis
terrestre, mousseux, qui guidait ceux et celles qu'arriviont
de partout, qu'aiont entendu dire
qu'étiont là pour découvrir trésors, légendes, les richesses racontées

gouter à ses lacs et ses rivières
la fortune les avait appelé

à Kespukwitk
la fortune se trouvait
si tu savais djetter
la braise qui elle, était
jusqu'au vent, jusqu'au souffle
jusqu'à l'énergie que ça prenait
pour la faire monter, parler
pour la refaire bruler

LE FEU BRAQUE

Cécile sentait les braises de la nuit
jusqu'à dans son corps, son temple à elle
les voyait dans le ciel, le matin, aux bords du lac en quittant
la camp à Jean-Baptiste, le fonds de fetchaques, le djib
vite, retourner au logis sans réveiller ses parents
cte matin là quittait, galoppait
sur Prince, son cheval, la dernière fois
l'eau salée à piquer sa joue comme des épines
la lumière, le rose, le jaune, l'éclat du royaume
le soleil derrière son échine

jijack, jijack, jijack

à retourner sous le dôme de sa nuit
le show de sa vie comme un grand trou noir, le fond du puits
murs hauts, point de portes de sortie
elle quittait Jean-Baptiste pour la dernière fois
serait gone, décollait

jijack, jijack, jijack

son petit tchœur tourmenté se brisait
sur le porch, sur le tchai, dans sa tête, elle le voulait
une romance, un conte
a whimsical tale of true love and good fortune
ça faisait longtemps assez qu'ils en parliont
pis ils aviont toute fait comme il faut
aviont fait leurs preuves, pris le temps de bâtir
Jean-Baptiste avait point d'or ni d'argent,
mais sa parole était solide, une fondation
de quoi rentrer en dedans
de quoi grandir

jijack, jijack, jijack

une fois rendue au logis
Cécile pouvait même point rester assis
sur sa chaise, dans sa petite chambre noire
la lumière de la chandelle trop faible pour remonter l'espoir
les pages blanches, les mots arrêtés depuis l'annonce de son départ
décidée comme une fin

comment ce qu'elle pouvait le quitter ?
comment ce qu'elle pouvait s'en aller ?

son petit tchœur à se débattre

jijack jijack jijack
il était une fois, il était une fois

elle voulait l'écrire
elle voulait le vivre

il était
une fois

mais les valises de Cécile étiont toutes parées
toutes là dans le coin de sa chambre parées à décoller
Cécile allait quitter le lendemain
elle se rendait au lendemain
croyait point qu'elle pourrait, pouvait à peine souffler
braillait, se noyait déjà tourmentée par son chagrin
Cécile, assis à sa petite table à rouler dla boucane
du tabac rinque assez long pour l'aider à s'endurer
pendant la messe, sa dernière, côte à côte avec la paroisse
derniers rites, au revoirs

comment ça se faisait ?

Cécile retournait aux Vieux Pays
avec son oncle Joachim, frère de son défunt père, Pierre Murat
Joachim était revenu clâmer sa petite Cécile, charmante
douce petite Cécile, sa famille perdue
c'était ça l'histoire, c'était ça que Joachim Murat leur avait vendu
tcheques semaines avant d'arriver à Chicaben
écrit dans une belle lettre, papier crème
conforme aux formalités, l'avait annoncé
comme déclaré à Casimir et Marie qui l'aviont adoptée, Cécile
Casimir et Marie qui l'aviont élevée, pris garde, apprivoisée
depuis la mort de son père, depuis le naufrage
de Pierre Murat qui s'avait point rendu
qu'avait sombré, resté couché, entortillé sous les draps de la Baie
avec la Sirène qui l'avait pris
Joachim Murat allait ramener Cécile à son monde, à lui
aux châteaux que son père lui aurait tant souhaités
qu'il aurait voulu pour sa chère fille, sa Sainte-Cécile
patronne des poètes et musiciens, sa préférée
c'était ça que Joachim avait écrit
sa pitch pour annoncer son arrivée
pas mal tough de contredire
les paroles d'un Roi, de Joachim Murat
direct de l'Italie

Cécile avait perdu le temps
la dernière semaine, depuis l'arrivée de son oncle
chaque jour le vivait comme une année
déjà Cécile avait point aimé les façons de la lettre de Joachim
elle connaissait point cte personne icitte
Son père, Pierre Murat parlait point de même
pis pourquoi ce que Joachim
était point parti chercher les autres ?
ses frères et sœurs que le naufrage avait séparés
que son père avait quitté la Baie pour aller chercher

Cécile sentait de quoi de croche
pouvait point l'expliquer
et pouvait rien dire
c'était point dans l'ordre des choses de questionner
l'ordre, le pouvoir, c'était vrai
c'était écrit sur papier
même Casimir et Marie aviont du mal à le déjouer
si c'était ça, c'était ainsi
et comment ce qu'ils pouviont justifier vouloir lui empêcher
son juste droit, sa famille

Cécile avait passé la semaine dans une brume
perdait ses forces, sa raison
au travail, à la Cantine
avait entendu dire, une histoire
plusse qu'une rumeur
tcheque mode de vision
d'un bote appelé la Mary Céleste
un entendu dire arrivé des Îles qu'avait pris toute la place
Cécile avait point pus s'empêché d'écouter
ça parlait fort à la Cantine
surtout quand ce l'histoire sortait du tchai, ils en remettiont
surtout si c'était point vrai
mais selon ça qui contiont
un bote avait été trouvé
dans le plein mitan de l'océan
le bote avait point calé
le bote était resté là vide, là
perché sans Capitaine, sans personne, abandonné
on avait été voir à bord pour investiguer
pour mieux comprendre le sens du mystère
pourquoi ce qu'on aurait quitté un bote là, de même, vide ?
pirates ? meurtres ? membres de l'équipage massacrés ?
quelqu'un disait qu'ils aviont trouvé du sang
un autre revenait dire que ça avait été inventé

surement que c'était les parts du bote, de la besonne mal virée
les travaillants de la Cantine arrêtiont point d'essayer
de trouver les morceaux, s'amusiont à l'amancher
pour expliquer la petite robe, l'œuf
les tcheques vestiges de la famille
qui supposément aviont été trouvés
de la famille qu'avait été à bord
qui voulait se rendre tcheque part, ensemble
qu'étiont perdus ? morts ? noyés ?
cachés sur un ile tcheque part, sous le soleil ?
la médi-terra-née ?
le bote avait été laissé à flotte, vide
la coquille, un fantôme
rinque une histoire, peut-être
peut-être, mais Cécile était pris
l'histoire y collait partout dans le cœur
dans son esprit

l'histoire l'avait détraquée, complètement
elle avait point pu même braquer, vraiment
la commande qu'elle avait été demandé d'écrire
une première demande des offices de la Dame
une série de petites histoires de la Cantine, rapportages
anecdotes colorées, rien d'inventé, la réalité ! si facile
la Dame voulait de quoi raconter
les prouesses de la Cantine
sa nouvelle besonne, sa nouvelle idée
de quoi attirer les touristes, la visite
de quoi de vif, de quoi réveiller
petites bribes qu'elle pourrait intégrer
entre les actes de son Show

mais Cécile se perdait dans les mots
l'histoire du bote avait percé son tchœur
elle pouvait point l'expliquer

depuis l'histoire
chaque fois que Cécile allumait sa petite chandelle
pour écrire
faire avancer le travail demandé
la Sirène apparaissait
dans la flamme, drôle de génie
se faisait plaisir de lui dire, chanter
complaintes, ritournelles
arrêtait à mi-chemin, l'idée originelle
la Sirène prenait la voix de son père
c'est elle qui l'avait, qui le tchenait amarrée
sous l'eau, dans les bras de la grande mer salée
Cécile devait quitter, la Sirène insistait
son père l'appelait
Cécile commençait, recommençait
page après page, un début de quoi ?
pouvait même pas décrire la rime des images
faire suite de ses idées
s'arracher du présage
un conte ? rien de ce qu'elle écrivait ressemblait
à ce qu'on lui avait demandé
rien de ce qu'elle avait appris à l'Académie
structures, charpentes des lettres, tout
dégringolait sous ses doigts, ses mains
à trébucher

Cécile était pris
Cécile était là
sur le pont du bote de la Mary Céleste
en train de quitter la Baie, son Jean-Baptiste
en train de suivre la voix de la Sirène
sa douce voix qui chantait

c'est ton tour Cécile
demain tout sera fini

IL ÉTAIT UNE FOIS

Il était une fois
(Cécile avait braqué à écrire)

dans un monde nouveau, dans un Nouveau Monde
une Dame, un Djable et un Extraterrestre
bien placés, fittés dans la même mess
à se partager le Royaume même si ils le saviont point
les trois dans la même goutte, même si ils la voyiont point
c'étaient les personnages, les mirages
d'un show imaginé
qui runniont sur la Clock
la grosse Time Clock qu'avait été laissée
le seul vestige du grand Temps passé
la ligne droite qui filait à l'horizon
qui faisait d'un cycle une semaine, une punch, un poinçon
on priait à l'heure, happy hour, tgif
gift cards et stiff drink en guise de respect
elle était tough, elle était terrible,
mais on se disait qu'on l'aimait

c'était-il comme Big Ben ?

non
la Time Clock était plus grande encore
c'était une Tour runnée de roues, faisait cuckoo
faisait dong, l'ultimate bong
point de différence si la Terre, la Lune, les astres, les forces
aviont eu leur rôle à jouer
aviont été nommés en premier
les roues faisiont le tour et le tour
dans le même sens, la même direction
chaque seconde, chaque jour, c'était une science, c'était la façon
personne savait de ioùsque la Time Clock avait tombé
on avait arrêté de la questionner
même ceux-là qui l'aimiont point

qui damniont ses curves pis ses colonnes
qui regrettiont chaque ding, chaque dong
même ceux-là qui questionniont point
on avait arrêté d'essayer de la grouiller
elle était pesante
elle était protégée

elle restait là
devant le Grand Lac
le lac de pommes de pré, vieux vergers
ioùsque poètes et musiciens plongiont
une fois par année
dans le Grand Lac que le Djable lui-même surveillait
l'eau du Grand Lac plus forte qu'une fontaine de jouvence
point décrite, point noté dans aucun livre d'importance
Ponce de León avait tout manqué
le rituel, la place, était là, au Nouveau Monde
dans les eaux du Grand Lac, sur l'Ile de la Tortue
sous l'œil gardien du grand Dragon redouté
qui dormait, au fond de l'eau, qui se cachait
qui protégeait la marge, le tout, le feu, le jeu
le lieu de culte, la terre sacrée

le Dragon avait le feu pour toute bruler, murs, tours
le château de la page, la façade de l'image
la marge du tout
plusieurs aviont essayé de l'attraper
la Dame avait fait venir sa Cabale
des quatre coins de la planète pour l'arrêter
la Dame en avait peur, voulait en finir
voulait croire qu'il était peut-être point là
rinque une autre histoire tricotée par le Djjjâââble
poète des poètes, raconteur adulé, qui, lui
faisait toute pour l'attiner, le hâler, le sortir
y faisait offrandes, tunes

y faisait mantra de sa rage pis de ses moods
c'était peut-être rinque une ruse
c'était peut-être rinque un conte

la Main Noire, l'Illuminé y croyait
y croyait si tant qu'il avait marché et marché
guidé, inspiré par les histoires du Dragon
de la lumière tranchante qu'il gardait
qui pourrait enfin changer les idées du monde
la Main Noire marchait pour le Grand Lac, d'à tcheque part
des profondeurs
la Main Noire avait passé dans la nuit sur le Chemin du Roi
sans couleurs
devant tout le monde
tout fin seul sauf pour un petit oiseau
petit colibri au-dessus de son épaule
qui l'accompagnait, qui le guidait
petit colibri
son totem

tout ce qu'on savait
c'était que la Time Clock comptait
que même la Dame osait point
voulait surtout point débalancer
même pour une seconde l'ordre des choses

une fois sa propre peur du Dragon et surtout de son feu, calmée
par scientifiques, par recherches raisonnées et sanctifiées
la Dame se fit sure de donner
tcheques pièces de plusse au Djable pour le faire continuer
ses histoires, la peur qu'il aimait tricoter
ça faisait parler
bien vite la Dame compris
que le Dragon soit là ou point là changerait rien
acceptit que c'était ça l'affaire

les laissit venir
croyants, misfits, auteurs, artistes
plonger, se garrocher, se pavaner aux contours du Grand Lac
se faire initier, vivre leur rituel si précieux et sacré
devant la Time Clock
la loi et le mystère, côté à côté
pis la Dame se fit sure de bien la couvrir
de la dorer, de la protéger
d'y mettre toute une gang de son armée
autour, dedans, caméras, systèmes d'alarme parés à sonner
si on osait tenter défaire les colonnes et les tours de la Time Clock
du bastion, du commerce, du régal
de la besonne assurée

c'était important, la Time Clock
c'était l'ordre du monde, du Nouveau Monde
le monde qui venait rinque de braquer,
mais même si la Dame savait, comptait
suivait la piasse, le temps ligné
c'était rinque l'Extraterrestre qu'avait la clé
aux portes, aux autres temps qu'aviont point arrêté
qui comptait lui itou, qui ouvrait aux courants du monde, entier
la porte aux saisons, au travail des marées
c'était une autre horloge savoir ioùsque t'es
l'Extraterrestre était si profondément ancré qu'ils disiont
qu'il avait perdu la tête
si tant extra qu'il était intra, il résonnait
présent, comme plusse, du ajouté
c'était rinque l'Extraterrestre qui pouvait faire craquer

il y avait d'autres Temps
il y avait du temps en masse
pour rebraquer

il était une fois

CTE SAMEDI SOIR LÀ

Cte samedi soir là
la crème de la crème avait été invité
pour une autre des plus grandes soirées
la nuit pour célébrer
la Cantine
la neuve entreprise de la Dame
le petit joyau du Chemin du Roi

cte samedi soir là
serait à la Compound de Marguerite Theriault, la Dame
son « home away from home », dans le bois
loin derrière le Chemin du Roi
sur le morceau de terre qu'elle avait gagné
dans une game qu'elle avait runnée

fair and square

tard un soir dans les chambres cachées du Casino
dans le square des Afriques de La Nouvelle-Orléans
la Dame avait gagné la terre du Djjjâââble lui-même
Célestin Trahan
qu'était arrivé directe de Kespukwitk
pour faire pousser sa chance
comme pris dans une transe
Célestin Trahan avait havré paré pour jouer
il en avait eu son saoul d'être cordonnier
ses bottes étiont trop petites
pour les rêves qu'il poussait
fallait que ça grouille, plus vite !

Célestin Trahan s'avait assis à la table de la Dame
tadam !
comme s'il avait déjà gagné
la Dame avait vu ça dla fois
y passit les cartes

voyait déjà la fin arriver
vite, Célestin perdit ses tcheques piasses sauvées de Kespukwitk
jouit ses cartes une miette trop vite
braquit à perdre, sentir la misère
plusse de rhum, trop de rhum et bien vite c'était ça
Célestin fessit le fond
sorti, le papier, la deed ! son seul garanti dans la vie
la terre de son grand-père et de son grand-père à lui
la deed de la terre sacrée du Grand Lac
grimpit pour un dieu, une petite prière, n'importe quoi
senti la hargne y grimper le foi
perdit le papier, la deed ! son garanti
jurit devant tout le monde que c'était point fini

Marguerite Theriault had not seen the last of he !

pis c'était vrai
parce que Marguerite Theriault avait accepté la deed comme du cash
c'est ça qui lui manquait, pour combler son stash
avait assez pour quitter, reprendre les terres perdues
avait cte même soir là riggée toutes ses valises
la deed gagnée comme sa porte d'entrée, sa neuve swing
se rendit au tchai voir quoisse qui se passait
si ça montait à Kespukwitk
trouvit le bote du Capitaine, le Doucet, ancré là qui la djettait
c'était sa chance, le grand Jack était paré
c'était avec lui qu'elle embarquit pour se commencer
pour toute rebraquer

rendue à Kespukwitk
au tchai de Meteghan, sept jours sur sept ça travaillait
point de place pour la brume
point de temps pour se cacher
le cash, la demande, ils aviont point pu en avoir assez
Marguerite Theriault avait runné les games, les cartes

dans une petite shack, au ras du tchai
vendait le rhum à un bon prix
le meilleur, ça que le Capitaine, son grand Jack lui rapportait
avait pas touché la terre de Célestin ses premières années
la terre trop loin du Chemin
la Dame trop pris par la besonne
pour s'emberlicotter dans le bois
mais

bien vite, à Kespukwitk
on la nommait pus par son petit nom
on l'appelait rinque « la Dame »
c'était point pu Marguerite Theriault
c'était la neuve Tycoon de la Baie
une mustang bien primée
la shack s'avait transformée
en Casinos, salles de spectacles
le Show faisait venir de loin
qui faisait parler
un écho de la Nouvelle-Orléans
neuves stomping grounds qu'elle avait créé
sept ans de même que ça avait duré
un jour après l'autre, à monter et graver
à viens-icitte, à montre-moi ça
la Dame était devenue tannée
se cherchait une place où reprendre son souffle
où se calmer

un bon jour c'était le temps
la Dame sorti la deed du safe
s'en fut choisir son spot
où bâtir sa Compound, son lieu de détente privilégié
malgré les menaces du Djjjjâââble qui l'avait suivi
qui vivait encore sur la terre, dans sa cabane
malgré les histoires qu'il aimait tricoter

la Dame l'avait point jeté dehors, lui avait donné un titre
Célestin Trahan resterait là, lui avait donné un titre
« le Gardien du Grand Lac » jusqu'à la postérité
ça l'avait taisé
la Dame l'avait promis qu'il garderait sa vieille camp
il était mieux là, payé pour veiller
le morceau de terre était grand, fallait bien le connaitre
pour empêcher que d'autres la suivent
viennent s'installer
profiter des espaces vides
frig les mecôques pis les huit-huit
la Compound serait point le havre des

pauvre moi, regarde toi, blah blah blah

elle avait travaillé fort pour se rendre là
fallait point l'oublier, pis quoi ?
si tu voulais te rendre à la Compound
fallait y bailler
c'était rinque ça

en tout cas
le matin de cte samedi soir là
sur l'tchai de Meteghan
c'était business as usual, le set-up, les botes à flotte
du bois, le commerce des As
arbre après arbre, sciés, tranchés, de Margo à Hectanooga
parés pour la trip, la longue trip jusqu'aux Iles
la cale, barils de sucre, rhum pour la famille
le Capitaine Doucet arrivait cte matin là, c'était supposé
était peut-être même déjà là
il aimait de la sentir, aimait de la croire
un jour il allait havrer dans cte port là
il y avait rien qui pouvait point se faire

la Dame attachait hooks, garters dans sa chambre à coucher
elle se riggait, était nervous, c'était weird, pour la soirée
il y en avait eu d'autres, en masse
pour des chefs, présidents, les grandes étoiles
ils aimiont la Compound
no doubt qu'ils seriont impressionnés,
mais frig ! quoisse qu'en était ?
quoisse qu'elle avait point vu ?
quoisse qu'elle avait manqué ?

il manque de quoi

de quoi de drôle se passait
elle était-il fatiguée ?
elle avait encore mal dormi, c'était-il ça ?
le rêve encore hier soir
la petite fille qui marchait, l'approchait
depuis qu'elle avait entendu l'histoire à la Cantine
la Dame dormait mal, virait, brassait
à la petite fille à bord, noyée, avec ses parents ?
la petite fille de la Mary Céleste la hantait
depuis une semaine, lui venait chaque soir
lui tendait les bras, chaque fois, la petite fille sur le pont
la Dame voulait, essayait de la sauver
de la prendre dans ses bras
l'empêcher de tomber
la Dame se réveillait trop tôt, panique
rien se réglait
la petite fille tombait
la petite fille se noyait
pis le temps avançait
la grande soirée était ce soir !
mais la Dame sentait qu'il manquait
encore de quoi
de quoi de parfait

ça y prenait un thème
ça y prenait de quoi, de quoi de plusse
point rinque la même affaire
c'était l'anniversaire de sa Cantine for Christ's sake !
la délectation, le havre du paradis laitier
la haute cuisine, 'tite sauce, grosse dose
une miette de sel pour ton sucré
fallait célébrer ça comme il faut
de quoi encore plus spécial cte fois icitte

frig ! quoisse ça pourrait être ?

(la Dame ruminait)
la Cantine, le havre des petites bouchées
la Dame s'avait inspiré de la crème qu'avait hâlé son père
la crème de sa mère qui l'avait attiré
quand ce qu'ils viviont dans les grands prées
dans le parc
hmmmm... (la Dame contchenait, perdue dans son idée)
elle avait été élevée par son père
sa mère, sa souffrance, morte en exil, en accouchant d'elle
sa mère...
l'image que son père lui dessinait
qu'elle gardait dans sa tête, la seule qu'elle avait
sa mère debout
ses grands yeux noirs, son père qui l'appelait...

Coucouguèche !

un hommage à Coucouguèche !
l'inspiration elle-même
la Reine de la Forêt !
c'était ça qui manquait

Vite ! La Team !

dans une rush, la Team là pour écouter
papiers, ciseaux, lbutin à raguerner
mais Caroline Carillon, la Chef de la Team
la Whip de la Dame
était point du tout impressionnée

OUUAais.
point la meilleure de tes idées
un Parc ?

Caroline aimait point de sentir le couteau au gôt
elle travaillait fort, c'était elle la Boss du Show des Casinos
avait été là depuis le début
depuis la shack
avait tchien son boute, avait point peur des attaques
avait été trouver les hanches et les jambes
le top du top
faire suer les hommes pis les femmes
Caroline Carillon avait les mots que ça prenait
la snip, la snap
pour tchiendre ça en ligne, à l'heure, c'était point la Dame
qu'entendrait les pleurs, les bitcheries des danseurs, chanteurs
de l'orchestre, qu'aviont pratiqué tout le mois
qui djettiont leur cues, en coulisses, trop de poids
Caroline tentit avec une miette de finesse

j'avons rinque une journée Marguerite
jsons déjà pressé
ça fait une semaine que ça pratique fort
la grande soirée c'est bétôt de soir...

elle l'avait déjà calculé dans sa tête
il y avait no way que ça se ferait
pis depuis quand ce qu'il manquait un thème ?

un thème ? !

mais la Dame était pris
full pine
regardit Caroline

ça prend LE PARC
never mind que la Compound était déjà dans le bois
aux contours du Grand Lac

ça prend LE PARC, le vrai

top notch, point de half ass, faut que ça sente la fraicheur
(note, Caroline, de quoi à boire, un rosé : l'Eau du Parc !)
fallait que ça feel comme les histoires que son père y racontait
avant sa fortune, les gros lots, le race track
comme le grand pré, le parc de la Vallée Sacrée
les milk jugs de sa mère qu'aviont baillé l'idée
cte samedi soir icitte sera « un Tyme »
comme qu'il disiont à ce temps là, un « Tyme »
faut recréer de quoi de wild, de quoi de fou, mais contrôlé
de quoi de vieux, de quoi de neuf, de quoi de juste assez
faut que ça sente l'original, l'inspiration
rien d'inventé

Caroline Carillon se fermit les yeux
cecitte c'était point vrai
c'était tcheque mode de cauchemar
voulait se réveiller
décollit de là, la brume sur l'échine
laissit la Dame seule avec le costumier
qui lui, une miette plus tard dans son atelier
pensait tout fort, avait la jasette, délicieusement stimulé
ça prenait de quoi de spécial pour le Capitaine
pour ce Tyme

il entendait déjà sa team de couturiers gadeller
trois cent costumes de pigeons à tailler dans une journée !
hmmmm…

point les bretelles, les bertelles
il habillerait le Capitaine, version tailleur
un hommage au père de la Dame, petite chemise, du lin
avec les bertelles
le Capitaine les avait déjà portées pour y faire rire
elle en avait braillé, c'était sûr de lui faire plaisir

vite ! aux pigeons !

pis c'est de même que le Tyme braquit
c'est de même que ça se passit
la servante avait toute entendu de son poste
dans le boudoir, djettait rinque son tour, le moment
pour raconter le paquet qu'elle avait
s'en fut vite raconter ça à son homme
qui lui s'en fut raconter ça à son homme
qui lui s'en fut raconter ça à la seule autre personne
qui osait faire la Dame damner
le « Gardien du Grand Lac »
Célestin Trahan, le djjjjââââble lui-même

un Tyme ! ? ha !

la Dame perdait l'esprit !
le bois, son empire à lui, merci
c'était rinque trop parfait
finalement de quoi qui s'avait enligné
un Tyme ? ça c'était sa spécialité
assis dans sa cabane, Célestin sur son trône, braquit à méditer
Célestin Trahan l'imaginait, se voyait devant les invités
'tite Élixir pour bénir l'assemblée

un Tyme ?
Oh y serait là !
paré

(pis en même temps, dans un autre logis)

Pierre Paradis était fier
l'escorte de Cécile était excité
dans la cuisine de Casimir et Marie
racontait la nouvelle
se trouvait éduqué
Pierre Paradis de la Philadelphie avait rencontré la Dame
la Tycoon elle-même, la veille, après le Show au Casino
contre vents et marées il s'avait rendu au lieu privilégié
petite chambre cachée
ioùsqu'on jouait la game, high stakes
pouvait pas croire qu'il l'avait lui-même parlé
à elle, Marguerite Theriault, pis qu'elle-même l'avait invité
l'avait bien sizé, avait figuré
pourquoi point ?
un de plus pour vanter
les soirées de la Compound
lui avait lancé au-dessus de l'épaule
tu regarderas ça !
la Philadelphie a rien de gagné !

le Paradis serait l'escorte des Murat à la grande soirée
avant de retourner lui-même à sa ville
Pierre Paradis avait point fait la cut
ça prenait plusse qu'un titre pour impressionner
Casimir l'avait recruté avec espoir, souhaitant combler
les exigences du nouveau titre de sa fille adoptée,
mais le Paradis avait presque pas duré l'hiver passé
Casimir avait vite compris
Pierre était trop intéressé par les lumières du Chemin

que le cout de son pain
comprenait point grand choses à la vie

Pierre s'en irait sans femme à marier
mais point avant de voir la Compound
la revenge pad réputée
tout le monde serait là, dans le fond
il y avait point de problème, ça serait aisé
Casimir et Marie vouliont rinque la tchiendre loin du Grand Lac
aussi loin que possible, qu'elle soit surveillée, entourée
rinque en tout cas que ça snap

Pierre Paradis avait entendu Cécile parler
il passait son temps à les épier
elle pis son « précieux Extraterrestre », son Jean-Baptiste, au djib
en train de bâtir la cabane, les fondations, leurs rigs
c'est là ioùsqu'il avait entendu Cécile
sa peur, sa fin proche, entendu qu'elle croyait
Cécile croyait vraiment que le soir de sa fête, Cécile mourrait

Jean-Baptiste
la fête de la Dame, la grande soirée
est le même soir que le rituel du Grand Lac
le soir des poètes et musiciens
PIS c'est ma fête
le Dragon va me bruler
ej le sais, ej le sais

Pierre Paradis avait rioché
presque perdu son ballant
caché derrière son arbre, à les surveiller
Pierre croyait point, savait trop
Pierre était un homme éduqué
plus tard, en conversation au logis de Casimir
tentait de déconstruire, sournois, les idées de leur fille

les «petites coutumes» du pays
le Dragon est dans sa tête, qu'il expliquait à Marie
rinque un histoire, un conte, une légende mal racontée
il avait déjà vu ça
les façons d'un peuple tout ému
à s'inventer une histoire, une mythologie perdue
devant une fresque, une miette
une ligne de charbon
la pointe d'un pin
ça finissait pus

Marie était brassée, djettait l'arrivé de Marguerite Theriault
aimait point la mine de Cécile
blâmait la Dame, ses idées, sa cuisine
la Cantine, le Grand Lac, le Dragon?
de quoisse qu'elle parlait?
c'était la Dame qui l'avait pourrie, qu'avait pris sa Cécile
la Dame s'était gâtée, goutait point la pâte de son pain
une femme qui pouvait point se mettre à quatre pattes
qui savait point comment frotter, c'était point une femme riche
c'était trop pour point assez
pis Cécile c'était point de la besonne
point un pion, point une terre à acheter
les intentions de la Dame étiont loin d'être pures
Marie se méfiait, la connexion, les Murat
Marie montait les murs

Cécile aidait Marie à organiser petits biscuits, high tea
avait même point essayé de raccommoder
quelques feuilles ou idées pour la Dame
avait pu rien à dire
rien travaillait
la Dame, voyant la mine de Cécile avait point insisté
avait senti la tension dans le logis
savait mieux que de pousser

c'était une drôle d'assemblée
assis dans le salon, Casimir écoutait Joachim parler
depuis Waterloo c'était high stakes
Joachim avait rencontré le Capitaine Doucet
en voyage avec ses associés
avait admiré le respect, la commande du Capitaine réputé
il admirait l'industrie de Kespukwitk
il y aurait peut-être de quoi faire ensemble ?
alliances ? des liens ? trop de risques ?
Intéressant
la Dame fit mine d'écouter
mais il y avait de quoi de drôle dans les façons de cti cette
Joachim Murat, un Roi ? l'aurait jamais deviné
était trop intéressé
ça devait que c'était pire qu'il le racontait
en Italie, sa bienaimée
si le Capitaine avait été intéressé il aurait dit de quoi
avant de quitter

Marie perdait sa patience
voulait même pus écouter
s'en fut dans la cuisine faire suite de ses idées
Cécile, elle, suffoquait
chaque fois que Joachim Murat parlait
entendait son père, le voyait
sentait son corps sous l'eau
comme enterrée
quoisse qu'il voudrait, lui ?
quoisse qu'il souhaiterait pour elle ?
son père qui lui parlait à elle, toute petite
qui lui disait, ma Sainte-Cécile, ma petite musique
le petit cahier noir qu'elle gardait depuis
qu'elle avait rempli d'avalanches
de ritournelles, de poésie
la voix de la Sirène qui l'appelait

l'écho de ses mots
qui retentissait
demain tout serait fini
de pire en pire, la tension montait
elle perdait son souffle
sa tête pris dans son destin

c'était drôle
elle était rinque gone à un Tyme, mais
Cécile regardait Casimir et Marie

comme pour la dernière fois

ÇA HAVRE EN HORSE POWER

Combien ce qu'il y a de dorés sur le bote ?

Cécile osit à peine demander à n'oncle Joachim
petite voix, question stupide

dans la boite noire du carrosse
un frette lui montait le long de l'échine
son ventre était toute brassé
elle avait de la misère à bien se placer
connaissait bien le banc, le coussin du carrosse
avait plus d'une fois accompagné Casimir et Marie
en promenade sur le Chemin du Roi
mais tout d'un coup, tout
était transformé, comme étranger
vire pis brasse, vire pis brasse
ça arrêtait point, ça montait, ça dévalait
comme si elle était déjà à bord du bote
comme s'ils étiont déjà partie sur l'eau

Joachim put point s'empêcher de rire

Hmmm... Aucune idée
ne t'en fais pas petite, imagine
ta tante est là qui t'attend
tu ne peux pas savoir ce que tu as manqué
on y arrivera sans fautes, ne t'inquiète pas
sois contente !
nous y serons bientôt
t'as tout à gagner

le Paradis assis dehors, à fignoler
fit glisser la petite vitre pour lui demander

Cécile, tu sais où nous allons, n'est-ce pas ?
Casimir m'a dessiné une carte, mais...

il faudra m'orienter si je me perds...

il s'amusit tcheques minutes avec les rigs
c'était un moyen carrosse
Casimir leur avait prêté « le King »
sa précieuse carriole, maganée une miette
faite de bois franc, travaillée par la main
de Casimir, ancien corsaire
qu'avait vu le pire des couronnes et de la guerre
« le King » promenait sa reine, Marie, le long du Chemin
occasions spéciales, dimanches tranquilles
rinque pour s'amuser
Casimir aux brides dehors
se faisait un plaisir de la driver

le Roi de Naples avait poliment acquiescé
true to form, avait même commenté
la forme, la noblesse, l'esprit du « carrosse »
mais une fois la petite porte fermée
Joachim Murat put point s'empêcher
Christos !
le drap de laine lui piquait le dessous de la fesse
c'était une miette trop de grange
pour le collant de son costume, la délicatesse
Joachim était loin à Kespukwitk
du château, du marbre de sa lignée
avait accepté l'invitation de la Dame
mais la plus grande soirée de son domaine
au fond des forêts, sans garde, sans protection ?
c'était comme ça au Nouveau Monde ?
c'était comme ça, les ententes, la stratégie ?
les manières tant vantées de l'industrie ?

ça sentait l'ingénu

Joachim avait emmené son épée
de quoi faire bonne mine au moins
un « Tyme » ? un Parc ?
pas drôle que la petite Cécile perdait ses forces
manquait de tact

toc toc toc à la petite fenêtre

tout le monde est prêt ?

Cécile cherchait et fouillait dans sa sacoche
il faisait trop noir dans le soir de sa tête
elle avait trop soif
il y avait trop d'eau
elle pouvait pus s'endurer

l'histoire avait-il point une porte de sortie ?
Cécile ioùsque t'es ?
Cécile est dans le carrosse,
mais ioùsqu'elle est ?
Cécile est snappée
le carrosse est arrêté
comme le bote, la Mary Celeste
elle est debout sur le pont
la petite robe sur la table
qu'elle porterait point
Cécile voyait l'eau, la tempête des ténèbres
son cœur dans la gorge
le sel lui rentrer, lui piquer le nez
Cécile en train de tomber
son corps laissé sur le pont tcheque part
dans le bleu
partout autour, en elle
du bleu

Non !

Cécile en sortit toute mêlée
Joachim Murat savait point trop quoi faire
avait eu deux fils, mais c'était point son domaine
la jeunesse, les états, l'émotion, le tonnerre

Ça va ?

la petite silhouette de Cécile, à ses côtés, l'autre bout du banc
rapetissait à vue d'œil
il la perdait de vue

Oui, oui, merci

Cécile regardait par la vitre
la rouvrit une petite craque laisser l'air rentrer
gros souffle, gros souffle, réveille-toi Cécile
la lumière du Chemin du Roi en train de tracer le passage
son dernier voyage
ses mains en train de fouiller, grimper, illogiques
chaque trou, saut, nausée, enfermée
cortège funèbre, le carosse comme un encensoir
Joachim Murat savait point quoi dire
sentait la tension monter, essayit

en plus, c'est ton anniversaire Cécile !
ton père serait ravi de me voir ici à tes côtés

d'un bord ou de l'autre elle serait morte, noyée
c'était écrit dans la roche, le saint calendrier
Sainte-Cécile morte
Sainte-Cécile gone pour croire
oser vouloir entendre une autre parole chanter
vouloir trouver harmonie, laisser parler

soleil, vibrations, l'originel
la « p'tite Murat »
la ptite folle qui s'amusait une miette trop dans le bois
à sentir, comme toucher les vibrations, tonalités
les saisons en train de changer
le son de la lumière
avec Jean-Baptiste, dans le djib
à bâtir leurs prières
elle l'avait appris à l'Académie
Sainte-Cécile, la petite ravie, c'était elle
quoisse que son oncle Joachim pouvait en faire ?
rien
pas la peine de lui en parler
les rituels de Kespukwitk
du Grand Lac, du sacré
elle avait déjà essayé, une fois, deux fois
ça avait sorti toute mêlé
comment lui expliquer
c'est son tour
ça que la Sirène lui avait chanté

Jean-Baptiste, lui, croyait point au saint calendrier
il s'avait point rendu à l'Académie
comprenait point pourquoi ce qu'on couperait la tête
d'une jeune fille pour entendre le jour
et pour en faire sa vie
pas possible que c'est tout ce que ça prenait
pour mériter la mort
il y avait de quoi de drôle dans son livre
pis son Dieu dans tout ça ? son tout-puissant ?
si il était all-mighty il aurait pu au moins arrêter ça
si quelqu'un avait été après Cécile avec une hache
il l'aurait défait
il ç'aurait fait un plaisir de lui manger le tchoeur
Jean-Baptiste croyait point au problème,

mais Cécile y croyait
pis ça Jean-Baptiste le comprenait
avait point besoin de signe ou d'école
pour reconnaitre les manières d'une bête
pris dans sa tempête

Cécile voyait Jean-Baptiste dans sa tête
jplus tôt cte jour là en le quittant dans le djib
lui qu'avait point peur
qu'allait nulle part
qui resterait là le temps que ça prendrait
si elle voulait y aller voir
si elle voulait suivre Joachim
aller découvrir d'elle-même ça qu'il pouvait point lui donner
ça qui mirait
mais si elle voulait rester
Jean-Baptiste, l'Extraterrestre avait dit qu'il irait la rencontrer
cte samedi soir là, ferait sûr d'être là
serait là pour la pêcher du Grand Lac si elle perdait ses forces
si son corps avait oublié comment breast stroker
les façons du poisson, les écailles salées
Cécile avait point nagé depuis si longtemps
sa mère, depuis le naufrage l'avait défendu, était terrifié
le voyait lui, sa tête, cheveux mouillés
son échine à lui, son arc, ses pieds
nus quelque part sous l'eau
sentait le souffle de sa voix s'approcher
les tisons de son corps
la flamme qui montait
qu'il fallait calmer

Cécile ?

Joachim essayait
lui avait posé une question

Cécile semblait même pas avoir eu écouté
le carrosse avait tourné, changé de direction
était dans le chemin de la Compound
en route pour le bois
loin des lumières du Chemin du Roi
rinque les étoiles
la voute céleste, le criquet des roues à grincer
contre pierres, roches sauvages, rien de taillé

à la Compound !

Pierre Paradis chantait à tue-tête
Cécile fouillait, grimpait, maudissait sa peur
Joachim, à défaut de comprendre
avait trouvé sa pipe, vite la bourra
tira de son tabac allumé
une boucane, âcre
étrange fumée

À la Compound

la Dame était braquée à paniquer
elle avait jamais vu ça
ça prenait trop de temps
elle les entendait en bas en train de hucher
le monde s'en venait, elle les sentait havrer
les journalistes se demandiont ioùsqu'ils pouviont s'installer
pour tout voir, pour tout décrire comme il faut
pis la grande hall était pas même proche de parée
Team Leader Caroline était pris avec les couturiers
son petit costume Arcadien avait mal viré
son ongle s'avait pris dans son bas, un long trou déchiré
sa peau exposée
ça se faisait rinque point
la Whip était plusse qu'organisée
c'était ça sa marque, sa garantie
faisait rien à moitié,
mais c'était trop tard pour la shop
pire encore, encore un autre
l'avait déçue hier soir, à la Hall
un autre homme avait essayé de la faire danser
essayait, voulait, le bras trop faible

faut que ça lead !

c'était point de même
c'est peut-être rinque ça
un homme
c'était point fait pour elle

plus tôt dans la journée
pour faire avancer les affaires plus vite
Caroline avait emmené la Team à Pirate Island
au boutte du Neck, au boutte de la petite île

un labyrinthe de corridors, de ciment
des petits stands de rêves piratés, un Parc !
Team Leader Caroline avait fait sa commande
200 buissons, une centaine d'étchureaux
(c'était tough matcher la speed)
fallait recréer le bois dans la Compound
faire plusse « back to nature »
c'était ça l'ordre de la Dame
c'était ça le plan de la feel
ils aviont les sketchs, des croquis
fallait que ça feel vrai
fallait que ça feel frais
rien de moins pour la grande soirée
Caroline Carillon allait rester pour s'assurer que ça hop
que ça y baille
micro-manager, planner, dernière minute
fallait que ça grouille si ils alliont toute rigger
mais c'était une miette trop slaque, point vite assez
pis la voix de Team Leader Caroline avait braqué à monter
à Carilloner
c'était elle la responsable de la grande soirée
c'était sa réputation qu'était menacée
fallait qu'elle retourne se faire faire les cheveux
sa patience s'avait érodée
pis quand ce que ça ça arrivait, well
Team Leader Caroline Carillon perdait son « nice », virait sec
moins milk jugs, plusse sur le aigre
c'est tout ça pris
qui ce qu'était que cte petite femme icitte ?
ils en aviont eu leur saoul de la Team Leader
aviont décidé de prendre leur temps

On Strike ?
Oh ouais ?

loutit ses pendoreils
mirit ça droite entre les deux oreilles
ça hoppait à Pirate Island
pis il était rinque midi

en même temps
loin de là, plus proche de la Compound
la Main Noire, l'Illuminé était busy
avec l'Élixir, la Mystery Drink dans les stills cachées
derrière la cabane de Célestin Trahan qu'avait commandé

de l'eau de lune !

l'Élixir (recette secrète) pour le Tyme
l'Élixir qui faisait comme lacs et rivières, se ressourcer
on avait entendu parlé de son harias du fond du Pont
tout le long de la grande Sissiboo
jusqu'à l'embouchure de la majestueuse Baie
la Main Noire avait si tant entendu parlé de l'Élixir
qu'il se sentait presque déjà léviter
c'est ça qu'il racontait aux journalistes qu'aviont havré
qu'aviont été redirigés par « le Gardien du Grand Lac »
le Djjâââble lui-même qui les avait arrêtés
histoire de bailler à l'histoire qui se faisait sa juste valeur ajoutée

Et puis, ça se termine comment ? Le Tyme ? Selon vous ?
(l'équipe de journalistes était havrée directe du Mont Royal)
le Dragon, Messieurs
le Dragon

la Main Noire, l'Illuminé allait point en dire plusse
il était busy, cecitte c'était vrai
le Dragon sortait de soir
ça faisait toute sa vie qui le djettait
l'avait imaginé là, tout feu, tout flamme

là, devant lui
la clé, finalement, pour sa transformation, à lui
la Main Noire, l'Illuminé levit la tête
simplement, presque doucement
dit aux journalistes de rester là, d'écouter ça
son petit colibri vibrer tout haut

dessinez ça mesdames, messieurs
trouvez-moi les mots pour dessiner ça
ce vol d'oiseau

et le Tyme s'avait fait de même

une heure après l'autre
la Time Clock On Point
en train de pointer la direction aux Crews
la Dame avait rien su
ni alégore de la strike, ni alégore de la brew
elle était couchée sur une table
en train de se faire masser les noucles de son cou
en train de reprendre la réunion de plus tôt
avait point osé demander à Marie
alégore des archives, des vieilles deeds
les clés de la Vallée Sacré
avait fait son possible d'y tchiendre tête
essayait d'y faire oublier le casino
avait offert ça qu'elle avait pu à la Fabrique, des piasses
de l'échange, argumentait
c'était point de sa faute si la débauche existait
c'était tout ce qu'elle avait connu
tout ce qu'elle savait de vrai

la Dame sentait les mains sur son corps
pousser, creuser, les noucles des années
le refus, son refus

malgré les histoires que ses curves faisiont raconter
la Dame avait vu trop de femmes se faire massacrer
le corps, les tripes, accouchements prématurés
tromperies, abandons, vulnérabilité
sa propre mère était morte, l'avait quittée
ou c'était-il elle qui l'avait tuée
en naissant ?
la Dame la voyait là, couchée
ce qu'on lui avait raconté
fallait garder ses distances
il y avait des conséquences à l'entrée
on lui avait fait trop mal
pour croire aux contes de fées
la masseuse poussait, tordait comme le Doucet tentait
s'essayait, quand ce qu'il pouvait, l'assurait
il serait là, sage-femmes, les meilleures, elle serait entouré
il avait la besonne dans le corps, c'était un déterminé
la Dame était tough, mais devant le Doucet elle timbait
il l'avait cassée
un fin connaisseur de ports
un vrai pèlerin
elle l'aimait-il ?
point un mot qu'elle osait, qui se disait
avait peur même de le dire
trop de femmes étiont mortes pour y croire, pour vouloir
tendre les brides de leurs corps
vouloir les laisser venir
mais couchée sur la table c'était ses mains
qu'elle voulait sentir
c'était le Doucet qu'elle voulait
entendre, quand ce qu'il était loin
pis la petite fille dans son rêve
qu'arrêtait point, qui lui venait le soir
qui la tourmentait
la petite famille perdue tcheque part

c'était rinque ça qu'il voulait
ça faisait une semaine qu'elle dormait point
virait, brassait
la maudite histoire de la Cantine
la biological clock qu'avançait

mais, mais, mais
point de temps pour ça
la besonne roulerait point comme ça
trop de Misfits en train de trafiquer
trop de problèmes chaque jour à régler
Ha ! Jamais !
la Time Clock tickait à Kespukwitk
un, deux, trois, quatre
un vent plus fort encore avait braqué à s'élever
montait la tension
avançait la motion
pouvait point s'empêcher
comme si tcheque part
de quoi de plus fort
avait braqué à parler

Cécile sentait la tension s'élever
le plusse que le carrosse s'approchait
le plusse que ça virait dans sa tête
sentait son cœur lever, sa bouche
salive, son corps à trembler
voulait se coucher dans la place
pouvait même point grouiller
les épaules de Joachim trop froides
la boucane de sa pipe, partout, épaisse
pris comme dans une cage avec son oncle, sa famille ?
elle le connaissait même point
il parlait point sa langue
avait rinque entendu le pire, de son père Casimir

la guerre, l'orgueil de Napoléon, le frère de sa tante
qu'était surement droite
et puis après ?
son père, Pierre Murat avait quitté les Vieux Pays
quoisse qu'elle faisait à s'en aller là-bas ?

le carrosse arrêtit sec
le Paradis inquiet, cognit
ouvrit la vitre

une file ?

on les voyait
les carrosses, alignés un devant l'autre
loin devant, pis encore plus drôle
toujours point de lumières
encore un fond noir
point de signe de la grande fête
de la Compound

Cécile pouvait point l'expliquer à son oncle
ça avait jamais arrivé de même
avec la Dame c'était tout le temps slick, point de hic
chaque fois bien organisé
les lumières de la Compound, l'attraction réputée
Marguerite Theriault avait trouvé moyen d'illuminer
le bois, petite forêt enchantée
en temps normal
on voyait la Compound, dans la nuit, de loin
une île de lumière
Cécile pouvait point l'expliquer
Joachim sorti dehors parler au Paradis qui, lui, se régalait
toute une aventure
quoisse qui se passait

Cécile soufflait pus

Toc, Toc, Toc
(contre la vitre du carrosse, deux poings à fesser
Joachim main sur l'épée
le Paradis dehors à faire signe, c'est ok !)

Hey ! ! !

Tam, tam, tam, tam, tam

tcheque part dans le bois ça fessait fort
ils alliont braquer le Tyme en file
des faces masquées
peinturées en plumes plumées expliquiont aux invités
il y avait eu un petit retard
ils étiont encore en train de monter le décor à la Compound
il y avait du temps en masse
la soirée faisait rinque de braquer, pourquoi point en profiter ?
ils étiont invités au premier jeu de la soirée
pour commémorer la grande rencontre des Temps Premiers
un jeu d'Indiens, fallait sortir trouver son équipe
mêler les ennemis, brasser les cartes
trouver la grande visite
le sang braquerait-il à couler ?
deux forts, dla torture, rien d'inventé
l'Histoire en avait en masse
ils aviont point eu besoin d'y penser

venez-vous en, c'est braqué !
mais premier, boivez cecitte, pour vous aider

l'homme masqué tendit un flask à Joachim
le Paradis lui, déjà sous l'effet

c'est quoi ?

Joachim point sûr, son nez pointu à renifler

c'est la neuve Élixir du pays
la neuve drink de la Dame en primeur ce soir
c'est le Tyme ! vous avez point le choix
c'est le rituel, c'est l'échange
vous rentrez point sans l'Élixir dans le ventre

Cécile sentait son ventre virer
le Roi de Naples était point convaincu, hésitait

il avait été en guerre sur des plaines
devant des troupes, en peinture, avec dla gloire
tambours, seins nus éclairés, avait point peur du noir,
mais pouvait point jouer sans gagner
pis avec l'Élixir ?
comment ce qu'il ferait ?
comment ce qu'il serait sûr de manier l'épée ?
mais Cécile commandit

bois !

et d'un seul coup, Joachim l'avalit
le premier mot qu'elle avait offert
il l'avait pris

Cécile en avait point de besoin
sentait qu'elle avait déjà toute bu
était déjà là, tcheque part sur l'herbe
creux dans la mousse verte du printemps, dans le djib
sentait son cœur marcher en ligne droite
marcher pieds nus
sa main dans la sienne

la seule loi

point de trône, rien de monté
Extraterrestre
dans le Temps

Cécile avait dit ça tout fort, les derniers vers
Joachim Murat, Roi de Naples en comprenait rien
l'Élixir avait fait son effet
c'était du hard stuff, ça défaisait
pis dehors il entendait les cris et les hoopla
la montée de la compétition
le sang qui coulait

ça te dérange si je sors Cécile ?
j'aurais envie de tenter ma chance...

Cécile hochait la tête, encore perdue dans son Rêve
c'était-il un rêve ?
le Bonheur, le Rire, la Simplicité ?

Tu sais Cécile
ce Dragon dont tu parles, cette lumière
je la vois
elle est là

pis that was it
Joachim Murat était parti
porte rouverte, avait embarqué dans la nuit
parti vivre une miette, parti voir, gagner le gros prix
Cécile toute seule dans le carrosse, toute seule
à entendre des craquements
les ombres autour d'elle hucher et courir
entendre des portes ouvrir, fermer, rouvrir, fermer
la pomme dans la gorge, pris

personne à qui dire
plus personne à qui tenir

À la Compound

Caroline Carillon et la Team étiont dans le boudoir
devant la Dame
à faire le bilan, trouble shooter
essayer de retenir les journalistes qui picochiont
la djettiont, question après question
comme une corde autour du cou
comment faire face à ça ?
la Dame savait point, savait pus
semblait même point écouter
vouloir donner une direction
restait tranquille à regarder ça
sentait une drôle de tension
en train de casser de quoi
ça montait
ses yeux en train de chauffer, piquer
le sel voulait couler, tracer
ça fondait
la Dame avait pus rien à dire
avait rien de plusse à dire
c'était game over
elle fermait ses portes
allait rester en dedans

Team Leader Caroline Caroline avait jamais vu ça
sept ans de besonne, de snip de snap
une full house en bas, dans le noir, en train de guetter
pis Marguerite Theriault allait
« rester en dedans » ?
allait se reposer ?

cecitte c'est FRIGGEN MESS, Marguerite

c'était point la Dame qu'avait buché et travaillé
qui s'avait rendu au Neck su rip
qu'avait resté là toute la journée
qu'avait fait l'impossible, qu'avait point dormi
perdu son temps, forcé, poussé sa Team
qu'avait toute fait pour que le Parc se faise, pour que ça frolique
qu'avait manqué sa date, une chance peut-être ?
toute sacrifié pour sa vision ?
les buissons et les étchureaux étiont encore sur la place
éparés partout, dla mess en masse
pis tout ce qu'elle pouvait faire c'était rester là assis ?
la Dame était-il sur une ?
elle avait-il fumé de quoi sans elle ?
quoisse qu'elle avait point compris ?

quelqu'un a tué les lights, Marguerite
QUELQU'UN A TUÉ LES LIGHTS !

Caroline Caroline essayait de la réveiller
de la sortir de son tchôme
comment ce qu'ils alliont monter le décor
faire le Parc sans lumières ?

c'est le whole Show ! ! !
c'est TOUTE alégore de la light
dla soft light, des contrastes, la magic light

comme quand ses parents s'aviont rencontrés
tout le monde doré
c'est tout ce la Dame pouvait penser
imaginer, tout ce qu'elle avait sur l'idée
le Capitaine qu'allait arriver
comment ce qu'elle l'emmenerait

ioù ce qu'elle le laisserait aller

Caroline Carillon pouvait pus le prendre
laissit la Dame à sa danse, à ses idées
huffait, puffait
s'en fut raguerner ça qui restait de la soirée
dévalit les steps
retournit dehors
se plantit deboute devant les portes, huchit
de son plus fort

HEY !
le Tyme est ICITTE !

les journalistes du Mont Royal étiont toutes perdus
aviont manière de peur
c'était point de même ça se passait chez les civilisés

pis quoisse VOUS AUTRES vous brassez ?

elle avait perdu sa patience
elle avait perdu son panache
c'était point rinque la Dame
c'était la WHOLE DAMN THING
la Dame djettait son Capitaine, fine

fine

mais elle dans tout cecitte ?
ELLE avait POINT d'homme
ELLE avait pas même de logis
elle rôdait depuis des siècles on aurait dit
c'est de même que ça feelait
pis pourquoi ce que ELLE était dehors dans le noir ?
pris dans le bois à hucher ?

iouùsqu'était son homme ?
iouùsqu'était sa bête ?
la bête forte assez pour la prendre elle
pour la dompter ?

les journalistes étiont friggen mêlés
un d'eux, p'tit brave osit parler

on nous a parlé d'un rituel
d'un Grand Lac, d'un Dragon ?

c'était ça qu'ils aviont été dit

QUI ce qui t'as dit QUOI ?

Caroline était su rip
that was IT
des Jackass, des Misfits
ça sentait du Célestin

Écoutez bien, monsieur le Journaliste
cecitte c'était supposé d'être un HOMMAGE
à l'amour, à ses parents, un picnic party, de quoi d'aisé
vois-tu toi — j'sais pas qui ce que t'es, mais écoute-moi bien
moi j'su habillée pour froliquer
la Dame voulait un Parc c'était ÇA la grande idée
c'était ça que ELLE voulait
MOI, tout ce que jveux
TOUT CE QUE JVEUX
c'est me faire bien traiter, respecter
ils disont que jsu une hard case, mais jsu friggen NICE
cecitte c'était supposé d'être une belle soirée
pis j'étais braquée à croire à son histoire, à son Idée
j'ai même pensé que j'm'amuserais peut-être,
mais non, fallait que ça joue des games

Monsieur le Journaliste avait braqué à écrire
la Main Noire, l'Illuminé avait dit que ça braquerait
avec la voix d'une femme
il avait point dit laquelle, en Paroles de mystique
ç'avait été la seule affaire qu'il avait pu leur dire pour sûr
une femme braquerait à Parler
ils aviont figuré que ça serait la Dame,
mais cecitte c'était de quoi d'autre
une perle rare venait d'éclore
pis Caroline Carillon faisait rinque de braquer, était crankée
elle allait faire un sondage
elle allait mégaphoner
marcher le long de la file de carrosses
de horse power arrêté
allait cogner, du porte à porte demander conseil
quoisse qu'elle avait point compris ?

Oh ! Ça jouait-il aux Indiens ?

Caroline allait se rendre au fond de chaque prison
dans le fond de chaque trou, un trou à la fois pour la trouver
la réponse, pour friggen comprendre
comment ce qu'on fait pour le trouver
comment ce qu'on fait pour se faire attraper
quand ce la game est toute alégore de point se faire attraper ?

PIS ÇA FEEL COMME DLA BASS

C'était un Full Blown Fiasco

la game avait changé
Robin des bois
les chefs l'aviont callé
Célestin Trahan et la Main Noire, l'Illuminé
en train de guider les invités
fallait trouver les « sacs d'or » cachés
fallait chanter Je te plumerai
faire le tour de la Time Clock en barouette
herder des poules, tricoter
le Shérif allait passer
le Shérif pouvait reprendre ton sac
ça huchait de tous les bords, tous côtés
ÇA PREND DU SAC !
c'était le Tyme !
c'était un Tyme !
ça volait des pauvres pour faire jouer les riches
pour remettre une miette de pep au steps
sans pastiches
les invités étiont virés vargués
suiont, arrachiont hardes et souliers
ça courrait mieux, c'était plusse aisé
ils aviont jamais joué de même
c'était comme l'enfance
avant la Time Clock
déterminée

la Main Noire, l'Illuminé
voyait au loin des petites mouches à feu danser
sentait une étrange boucane sucrée monter
partout, autour, mais le Dragon, lui, ioù ce qu'il était ?
c'était cte samedi soir là
c'était le soir
c'était ça que les mystiques aviont dit

Célestin Trahan lui-même l'avait garanti
cte samedi soir là
le Dragon sortirait du Grand Lac
cte samedi soir là
la Main Noire le verrait, le Dragon
vivrait sa transformation à lui
c'était GA-RAN-TI, parole du Djjjâââble
entendit la voix d'Évangéline percer le soir
J'AI TROUVÉ LE SAC !
fin de la game, fiasco accompli?
la Main Noire, l'Illuminé, avait point fini
sentait une force, de quoi monter
braquit pour Célestin Trahan qui lui
était trop busy à brasser le Tyme
suivre le courant
faire ça monter
partout, autour, la tension se croisait
l'énergie se plaçait, l'Élixir brassait
envoyit compatriotes hâler les buches
ça allait faire un feu !
Célestin Trahan avait eu l'aïde d'un As
avait trouvé le meilleur bois coupé

à la Compound
tcheques invités encouragés étiont en train d'essayer
de sucer, de hâler, leur goule autour d'une baie, d'une gadelle
« d'un buisson ?! Ma Dame, faut-il envaler ça tout rond ? »
elle avait même pas essayé d'expliquer, d'arrumer, reprendre
c'était un Tyme, c'était un full blown fiasco
pouvait pus rien dire, avait décidé de suivre
sentait sa mère en train d'y montrer astheure
d'y faire sentir la leçon
comme un changement de saison
entendait les cris, sentait la boucane du boudoir
devant la glace, rouverte asteure comme une vitre

la Dame voyait la petite fille du rêve, là, qui la djettait
qui lui tendait la main
sentait Coucouguèche, sa mère, là autour d'elle
de la chaleur, ses bras finalement
c'était la force des choses
le Capitaine arrivait
c'était le temps

la Compound était-il en train de bruler ?
la Dame y pensait même pus, trop concentrée dans ses idées
en train de l'imaginer là, son monarque, sentait son arrivée
sa fin proche, des milliers de diamants, glass ceiling fracassé
en train de mouiller, ciel, la place de ses pieds
la frise de sa skirt en train de monter, longit
point pressé

ok Capitaine
tchiens-toi

Cécile entendait tout ça dehors
enfermée dans sa petite chambre noire
dans la chambre du carrossse
seule sans amarres
dans le ventre de la Mary Céleste
comme dans le ventre du cachemar
les ondes, montées, les descentes
du bote arrêté pour attendre, quoi ?
la robe de sa petite fille à moitié finie, pourquoi ?
l'echo d'un mari à peine connu, dans l'infini ? pourquoi ?
il était là, son Extraterrestre
il était là, icitte
l'œuf dans le pot en train de bouillir
Cécile feelait tout ça vibrer
comme si les temps se fessiont, s'arrachiont
comme si c'était elle qui devait maintenant décider

sa propre naissance sur le pont d'un bote
toutes ces traversées
p'tit serpent en train de monter
le feu dehors braqué à craquer
Cécilesentait la boucane
les tisons en train de snapper

jijack jijack jijack

en train de monter et dévaler
elle était sur son cheval
elle était sur son Prince

LET'S GO!

elle grimpit la poignée de la porte du carrosse
la rouvrit
sentit l'air, l'énergie du soir l'envelopper
braquit à marcher comme la première fois qu'elle l'avait
rencontré
cte soir là à Tousquet
quand ce les femmes s'aviont penché pour mieux la regarder
cte fois là que Jean-Baptiste était revenu de la rivière
trois poissons comme un offrande sur les steps du pavé
des femmes, des hommes, des têtes grises autour
comme pour sanctifier
le geste, l'union, la rencontre de deux âmes destinées
comme s'il les aviont djettés
comme s'il saviont qu'ils alliont havrer
il y avait de la curl, de la pin curl, des chevilles larges et enflées
une main douce, une main travaillée par la farine et la pâte
des ognons tranchés

ses pas, accélérés
Cécile en train d'avancer

pousser pour la lumière, pour voir, trouver
chemin, clairières, elle trouvit la petite route
pour le Grand Lac, les voix de quelques futurs initiés
là pour la guider, là, dans la sainte soirée
Cécile en train de marcher
ça lui faisait pus de différence
pus de façons, si c'était écrit dans l'Histoire
elle suivait, sa dernière leçon
marchait plus vite asteure
était point seule, ses pas assurés
autour d'elle sa huchait, ça poussait
ça sortait le fou
Cécile courait asteure
avait rouvrit la porte, quittait le carrosse
quittait son oncle Joachim, le couvent, le bote
le cauchemar
gone !
la petite famille that never was
gone !
Cécile décidée
c'était elle l'auteure de son histoire
elle allait plonger

Cécile vut l'eau mirer devant son corps, une seconde
avant de fermer paupières, rideaux sur sa tristesse, son passé
avant de sauter, elle, comme tirée, comme une flèche
comme une grâce en train de charger
de l'arc, de la rive du Grand Lac sacré
dans le Temps, hors du temps
dans tous les temps
le corps de Cécile pour trancher, pour trouver
l'eau, contre son corps, sur son corps
sa tête, ses bras, ses mains dans l'eau du Grand Lac, initié
en train de virer, onduler, les veines de son corps comme l'encre
à tracer dans les ondes

son corps plongé
sous l'eau, dans l'eau
pis son était père là, partout, autour
Pierre Murat l'avait point quittée du tout
elle le sentait comme s'il était là
partout, autour, dans la tension qui se défaisait
se croisait, dans l'énergie qui vibrait, dans l'Élixir qui brassait
que Célestin Trahan jetait, pour asperger le feu
dla sacrée eau ! bénite de la lune
tcheques billots de plusse
pour faire les flammes jacker, flamber encore plus haut
garrochit une miette de poudre faire craquer
exploser les flammes
que ça parle ! la mine d'or
les langues de feu à s'élancer et grimper
à réchauffer, réveiller, c'était trop
pis encore ! plusse de bois les boys !
de quoi vraiment faire souffler le vent
qui poussait d'un bord et de l'autre
une miette trop haut, une miette trop grand
le feu presqu'au fait des arbres asteure
c'était trop, trop, trop, pis c'était le temps
les criques, les craques, la grande tête de tisons

l'asteure ÇA c'est dla light !

Célestin chantait
dla light pour ma Dame Marguerite !
pour le Tyme qui se faisait
pour le Tyme qui se jouait
pour le Tyme qu'avait remis la flamme dans le tchœur
des plus durs, des plus fortunés
ça se garrochait, ça riait, sueur et pesanteur arrachées
la flamme, le feu de l'Assemblée
la flamme, le feu qui montait

rien de facile, encouragé

le feu brulait comme dans le djib
transformait matières, fibres
pour pousser mieux, pousser plus haut
pousser plus creux, vers les quatre directions
partout dans le Grand Lac, les têtes et les corps nus
s'amusiont, chantiont, la grande célébration
la Main Noire, l'Illuminé avait finalement décidé
c'était lui le Dragon
déclamait sa Parole, le feu des invités
sa voix si forte, si grave, de quoi faire résonner
le chaos, la chaleur de la tempête, du Tyme
des présents débridés
pis dans tout ça Cécile le trouvit, lui l'Extraterrestre
là, à nager, comme un As, beau poisson
Cécile nageait ! riait
le feu si grand, si haut
le matin s'en venait

le Grand Feu craquait

la lumière du feu dessinait têtes et corps nus
brulait pages, présages

il était une fois

MATIÈRES

ALÉGORE	À l'égard
AS	La Crew des As, les gestionnaires et visionnaires du bois.
ATTINER	Exciter
(y) BAILLER	Donner. L'expression idiomatique « y bailler » signifie faire un effort, s'engager avec entrain et verve.
BALLANT	Emprunt de l'anglais « balance » pour signifier « équilibre ».
BASS	La fondation individuelle et spirituelle qui est aussi nécessairement matérielle puisque j'avons encore le privilège d'habiter des corps humains et imparfaits.
BRAQUER	Commencer
BIBI	Bébé
BOTE	Bateau
CALLÉ	Emprunt de l'anglais « to call » pour signifier mener, commencer un jeu ou évènement quelconque.
CAMP	« Une camp ». Emprunt de l'anglais et prononcé à l'anglaise.
CREW	Une association de clans.
COLIBRI	Oiseau-mouche. Un petit oiseau qui fait sa part.
COMPOUND	Le « château » (un gros logis) de la Dame, Marguerite Theriault au fond des bois de Kespukwitk.
COUCOUGUÈCHE	Hibou
CRANKÉ	Emprunt de l'anglais pour signifier « excité », « monté » .
DAME (une)	La Crew de la farine, du pain, du feu, de la cuisine. Une Reine.
DE QUOI	Tcheque chose, ou quelque chose. On le trouve dans la Relation du Voyage du Port Royal de l'Acadie de Dièreville (1699-1700) : « car s'ils savent bien pâtir quand ils n'ont rien, ils savent encore mieux se remplir quand ils ont de quoi ».
DÉVALER	À la Baie, employé comme le mot « descendre ».

DIX (un)	Un pêcheur
DJETTER	Le mot français « djetter » écrit avec le son identitaire « dj ». Signifie « attendre » et non pas « guetter, surveiller ».
DJEULE	Le mot français « gueule » écrit avec le son identitaire, « dj ».
ÉTCHUREAU (un)	Le mot français « écureuil » écrit avec son identitaire « tch » et le son « eau » en position finale pour remplacer « euil ».
EMBERLICOTTÉ	Se dit d'une personne dans l'embarras.
ÉPIVARDÉ	S'exciter, souvent pour peu. Selon Félix Thibodeau, ce mot viendrait du son que fait l'oiseau, la pie.
FABRIQUE	La « vault », les Archives de la paroisse, de l'Académie et de l'Église.
FETCHAQUES	Petits « buissons », petit bois sauvage.
FRIG / FRIGGEN	Emprunt de l'anglais pour qualifier quelque chose ou quelqu'un qui provoque une certaine frustration. Plus « léger » que l'expression de la même famille, « fuck ».
GRAND LAC	Le lac de pommes de pré dans le bois derrière Meteghan?
HECTANOOGA	Village au fi fin fond des bois.
HARHACKS	Loin dans le bois, loin du monde.
HUIT-HUITS	Criquets
les ILES	Les Antilles
IOÙSQUE	Contraction de « où est-ce que ».
JACK (un)	La crew des Capitaines, rum runners, des matelots.
Jeu d'INDIENS	Jeu d'enfants joué à la CJA (Camp Jeunesse Acadien) à Kespukwitk.
JIB	Emprunt de l'anglais et prononcé « djib ». Terme nautique. Un lieu dans le bois autour du village de loggeux de Margo.
JIJACK	Un petit cheval
JSONS	Le « je pluriel », le je collectif qui se parlait à la cour d'Henri IV, selon Pascal Poirier, et qui se parle et s'écrit toujours « au jour d'aujourd'hui » parmi les fous et les rois du sud-ouest de la Nouvelle-Écosse.

KESPUKWITK	Mot mi'kmaq pour designer la partie sud de la Nouvelle-Écosse.
MARGO	Village de loggeux, de Célestin Trahan réputé pour ses soirées légendaires.
MARY CÉLESTE	Le célèbre bateau fantôme qui est raconté ici, aux Cantines, comme une vision « futuresque ».
MATIÈRES	Mots, signes comme de la glaise, que l'expérience immatérielle a créés et qui sont ici utilisés pour sculpter une histoire.
MIRER	Le mot est ici employé pour signifier « briller ».
MONT ROYAL	Headquarters du « Canada » (Bas-Canada = Québec)
PASSÉ SIMPLE EN -it	D'après le Bon usage de Maurice Grevisse et André Goosse, « l'ancien français possédait des passés simples de type régulier et de type irrégulier. Les formes en -it ont failli se généraliser au 16e siècle : Lors d'un coup luy tranchit la teste (Rabelais, *Gargantua*, XLIV). - Au 17e siècle, c'est du parler paysan, que l'on trouve parfois ensuite dans certaines chansons populaires : Le roi les embrassit toutes, mais laissa la plus jeune (« Dans l'Acadie lui a » - chanson traditionnelle).
PONT (le)	Pettite ville située aux bords de la rivière Sissiboo
RAGUERNER	Glaner, ramasser.
RIGGER (se)	Emprunt de l'anglais « to rig ». Terme nautique pour signifier s'habiller, se préparer.
RIONNE	Le mot « rien » écrit comme il serait dit en position finale d'une phrase – dans ce cas, d'un vers.
RIP (sur)	Emprunt de l'anglais et prononcé avec un « r » roulé de la Baie. Expression idiomatique pour exprimer le fait d'être encouragé, engagé, investi à 120 %.
ROBIN DES BOIS	Jeu d'enfants joué à la CJA (Camp Jeunesse Acadien) à Kespukwitk.
ROIS (les)	La Crew des Philosophes, Prêtres et Historiens.
RUNNÉ	Emprunt de l'anglais « run » pour signifier une

	action comme « mener », « organiser ». Prononcé à l'anglaise « run » avec un « r » roulé de la Baie en position initiale.
SAC	Le « gros trésor » du jeu de Robin des bois...
SHOW	Le Show de la Dame – la production musicale des Casinos de la Dame.
SISSIBOO	Longue et majestueuse rivière à Kespukwitk.
SNAPPÉ	Emprunt de l'anglais du mot « snap ». Partie de « l'autre bord », perdre sa patience, perdre la raison.
SOURCES	Livres. Comme des lieux où s'abreuver des mystères de Kespukwitk.
SU UNE	Expression idiomatique « être sur une » pour signifier être dérangé, mêlé.
TABAC	La plante sacrée (qui sentit le sucré) fumée dans une pipe, à Kespukwitk.
TCHAI	Le mot « quai » écrit avec son identitaire.
TCHEQUE	Le mot français « quelque ».
TCHIENDRE	Le mot « tenir ». Continuer, contchiendre.
TCHULOTTES	Un pantalon
TCHU	Cul. Mot français écrit avec le son identitaire « tch » .
TOUSQUET	Le Cuba des mystiques. Région du sud-est de Kespukwitk.
TYME	Une fête. Une vraie.
VALLÉE SACRÉE (la)	La Vallée d'Annapolis, terres fertiles.
VARGUER (se)	S'exciter. Rire aux éclats.

SOURCES

Le Parler de la Baie Sainte-Marie et Une géographie de Clare (Félix E. Thibodeau) le Parler Franco-Acadien et ses Origines (Pascal Poirier) le Glossaire acadien (Éphrem Boudreau) la série La Läg Akadjèn (Jean-Louis Belliveau), les Français du Sud-Ouest de la Nouvelle-Écosse (Pierre Marie Dagnaud), Chicaben ou Pointe-de-l'Église (J. Alphonse Deveau), le Journal de Cécile Murat (J. Alphonse Deveau), Les Écrits du Père Sigogne (Gérald C. Boudreau), Le diable et le cordonier (Lise A. Robichaud), *Loin de France* (Germaine Comeau) Clare/la Ville Française Tome I et II (les Historiens d'âge d'or de la Baie Sainte-Marie)*The Old Man Told Us* et *Stories From the Six Worlds* (Ruth Holmes Whitehead) Le Bon usage (Maurice Grevisse et André Goose) Relation du voyage du Port Royal de l'Acadie (Dièreville)

De la même auteure

Alma, Moncton, Perce-Neige, 2007 [2006]
Amédé, Moncton, Perce-Neige, 2010
Prudent, Moncton, Perce-Neige, 2015 [2013]

Le livre que vous tenez entre les mains, ce Grand Feu, est une réponse au livre Le journal de Cécile Murat écrit par l'historien J. Alphonse Deveau et publié aux Éditions Lescarbot à Yarmouth en Nouvelle-Écosse. L'auteur s'est inspiré de l'histoire « réelle » d'une jeune femme, Cécile Murat, pour peindre un tableau de la vie acadienne dans le sud-ouest de la Nouvelle-Écosse au 19e siècle. Je me suis inspirée du travail littéraire de monsieur Deveau pour raconter une autre histoire. J'ai repris et ajouté aux personnages et intrigues du journal de Cécile Murat. J'ai transformé son récit pour en écrire un autre.

Ce livre, comme les autres, est mon roman à moi ; des récits en vers libres et en français – un nouveau roman. C'est à dire, des récits poétiques écrits dans mon français maternel, issu d'un territoire géographique situé au sud-ouest de la Nouvelle-Écosse, qui se parle et qui s'écrit. Cette voix littéraire intègre, au besoin créateur, certains mots de mon autre langue affective, l'anglais. Cette langue littéraire n'a aucune prétention prescriptive. Au contraire, elle cherche à laisser une trace textuelle d'un élan poétique, individuelle, où le sens et la raison du mot/matière continuent de se transformer et d'en transformer d'autres.

Merci à ma Sœur Nicole LeBlanc et mon Père, Gilles G. LeBlanc pour leurs lectures des premières versions de ce texte. À ma Mère, Betty Dugas, pour les relectures et pour sa patience. À Serge Patrice Thibodeau et aux Éditions Perce-Neige pour avoir parcouru ces longs trajets d'écriture. François Gaudet, artiste visuel, qui a longtemps partagé cette fascination pour le journal de Cécile Murat, de la Baie. Aux tendres et aux passionnés qui, au fil des années, m'ont accompagnée et encouragée.

Enfin, ma sincère reconnaissance au Conseil des Arts du Canada et Arts Nova Scotia qui appuient, stimulent et nourrissent si respectueusement le temps que cela peut prendre, l'écriture de ces grands feux.

Direction littéraire
Serge Patrice Thibodeau

www.ingramcontent.com/pod-product-compliance
Ingram Content Group UK Ltd.
Pitfield, Milton Keynes, MK11 3LW, UK
UKHW022012260726
13994UKWH00006B/2430

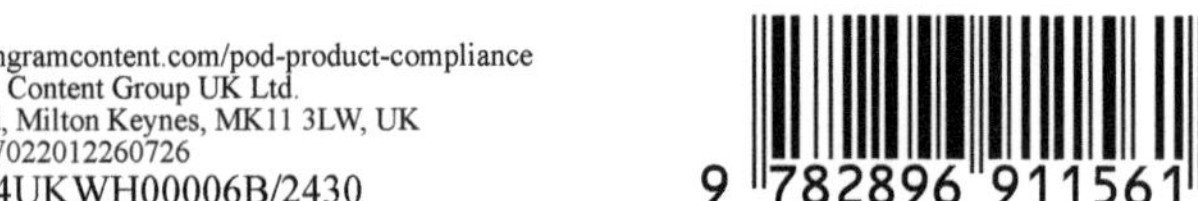

9 782896 911561